무량공덕4　　　　무비스님 편저

목
련
경

독송(讀誦) 공덕문(功德文)

부처님은 범인(凡人)이 흉내 낼 수 없는 피나는 정진(精進)을 통해 큰 깨달음을 이루신 인류의 큰 스승이십니다. 그 깨달음으로 삶과 존재의 실상(實相)을 바르게 꿰뚫어 보시고 의미 있고 보람된 삶에 대하여 가르치셨습니다.

부처님의 가르침을 전하는 사람을 법사(法師)라고 하는데, 법화경(法華經) 법사품(法師品)에는 다섯 가지 법사에 대하여 설파하고 있습니다. 그 첫째는 경전을 지니고 다니는 사람, 둘째는 경전을 읽는 사람, 셋째는 경전을 외우는 사람, 넷째는 경전을 해설하는 사람, 다섯째는 경전을 사경하는 사람입니다. 이 중 한 가지만 하더라도 훌륭한 법사이며, "법사의 길을 행하는 사람은 부처님의 장엄(莊嚴)으로 장엄한 사람이며, 부처

님께서 두 어깨로 업어주는 사람이다." 라고 말씀하고 있으니 세상을 살아가면서 이보다 더 큰 보람과 영광이 어디에 있겠습니까?

이번에 제작된 〈무량공덕 독송본〉은 항상 지니고 다니면서 읽고 베껴 쓸 수 있는 경전입니다. 부디 많은 분들이 이 인연 공덕에 함께 하시어 큰깨달음 이루시고 행복하시기를 기원합니다.

독송공덕수승행 무변승복개회향
讀誦功德殊勝行 無邊勝福皆廻向(독송한 그 공덕 수승하여라, 가없는 그 공덕 모두 회향하여)

보원침익제유정 속왕무량광불찰
普願沈溺諸有情 速往無量光佛刹(이 세상 모든 사람 모든 생명, 한량없는 복된 삶 누려지이다.)

불기2549(2005)년 여름안거
금정산 범어사 如天 無比 합장

목 련 경

目連經

석 昔
왕사성중 王舍城中
유일장자 有一長者
명활부상 名曰傳相
기가 其家
금기라신 錦綺羅紳
진주 眞珠

대부 大富
타로상마 駝驢象馬
편산개야 遍山盖野
만장 滿藏
제두방채 諸頭放債
막지기수 莫知其數

장자 長者
어상함소 語常含笑
불역인정 不逆人情
육도지중상 六度之中常

행육바라밀 行六波羅蜜
장자 長者
홀연염환 忽然染患
수즉신망부 遂即身亡夫

부이인 婦二人 유양일자 唯養一子 명왈 名曰 라복 羅卜 견부망몰장 見父亡沒葬

송아야산소 送阿爺山所 삼년복만 三年服滿 구계아양 求啓阿孃 아야재일 阿爺在日

전재무수 錢財無數 즉금고장 卽今庫藏 병욕공허 並欲空虛 아욕장전출 兒欲將錢出

왕외국경기 往外國經紀 견노익리 遣奴益利 운장전물출 運將錢物出 유삼천 有三千

관문 貫文 분작삼분 分作三分 일분 一分 유여아양 留與阿孃 공양삼보 供養三寶

일분 一分 유여아양 留與阿孃 위야일설오백승 爲爺日設五百僧

일분 一分 유여아양 留與阿孃 공급문호 供給門戶

재(齋) 아장일분(兒將一分) 왕금지국(往金地國) 흥생경기(興生經紀) 아금가(我今家)

자모(慈母) 견자행거(見子行去) 환취노비(喚聚奴婢) 여래(汝來)

중대부(中大富) 약유(若有) 삼보사승(三寶師僧) 래아문전교화(來我門前教化) 위(為)

아장봉(我將棒) 타살(打殺) 막류성명(莫留性命) 장아아설재전(將我兒設齋錢) 광(廣)

매저양아압계견(買猪羊鵝鴨雞犬) 위사영비(餧飼令肥) 현양주상(懸羊柱上) 자혈(刺血)

임분(臨盆) 박저봉타(縛猪棒打) 애성미절(哀聲未絕) 벽복취심(劈腹取心) 제사(祭祀)

귀신 鬼神

작제환락 作諸歡樂

라복장일천관전본 羅卜將一千貫錢本 거득삼년 去得三年 추득삼천관 趨得三千貫

전리회귀본국 錢利廻歸本國 리가사십여리 離家四十餘里 재성서유 在城西柳

수하헐견노익리선왕귀가계백아양약 樹下歇遣奴益利先往歸家啓白我孃若

작선사인연아장차전귀공양양약작악업 作善事因緣我將此錢歸供養孃若作惡業

인연아장전위양사시익리귀도가중 因緣我將錢爲孃捨施益利歸到家中

금지요견 주보아파 랑군귀의파문금지 여
나득지 금지답언 문전견익리 지도랑군귀
의 파견금지 여차관문 막여노진 대아개
고장취당번 장설후원 가작설재소재 개문
인노진 어언익리왈 아종여공랑 군행거이
후 아재가중 일설오백승재 여약불신 향

金支遙見 走報阿婆 郎君歸矣 婆問金支 汝
那得知 金支答言 門前見益利 知道郎君歸
矣 婆遣金支 汝且關門 莫與奴進 待我開
庫藏取幡幢 張設後園 假作設齋所在 開門
引奴進 語言益利曰 我從汝共郎 君行去已
後 我在家中 日設五百僧齋 汝若不信 向

잡란 완접수습 유미득요 익리주보랑군

雜亂 椀楪收拾 猶未得了 益利走報郎君

파야불시범인 파재가 매일설오백승재라

婆也不是凡人 婆在家 每日設五百僧齋羅

복 문언익리 여나득지 귀도가중 정견시

卜也 問言益利 汝那得知 歸到家中 正見匙

저 교횡향연잡란 승도병산 완접수습 유

筯交橫香煙雜亂 僧徒并散 椀楪收拾 猶

미득료 라복 시문차어 심생참괴 아차요

未得了 羅卜 時聞此語 心生慚愧 我且遙

12

공정례 空頂禮

아양일천여배 阿孃一千餘拜 시유동인서사향여권 時有東隣西舍鄕閭眷

속 屬 문도라복귀가 聞道羅卜歸家 출성영접 出城迎接 견랑군예배불 見郎君禮拜不

기 起 문언랑군 問言郎君 전두무불 前頭無佛 후부무승 後復無僧 예배하 在家中

자 者 라복답언 羅卜答言 참괴아양 慚愧阿孃 재가중 在家中 공양삼보 供養三寶 예배하 禮拜何

일설오백승재 日設五百僧齋 향인 鄕隣 답언 答言 여모 汝母 종랑군행 從郎君行

거후 去後 파재가중 婆在家中 봉타삼보사승 棒打三寶師僧 장여설재전 將汝設齋錢

13

광매저양아압계견(廣買猪羊鵝鴨鷄犬) 위사영비(餧飼令肥) 현양주상자(懸羊柱上刺)

혈임분(血臨盆) 박저봉타(縛猪棒打) 열탕퇴신(熱湯褪身) 애성미절(哀聲未絕) 벽(劈)

복취심(腹取心) 제사귀신(祭祀鬼神) 작제환락(作諸歡樂)

라복(羅卜) 수문차어(遂聞此語) 거신자박(舉身自撲) 백모공중진(百毛孔中盡)

개유혈(皆流血) 민절재지(悶絕在地) 양구불소(良久不蘇)

모견아귀(母見兒歸) 출상영접(出相迎接) 유견아도지불기(唯見兒倒地不起) 파(把)

아수어아왈 (兒手語兒曰)
여청아발서언 (汝聽我發誓言)
강수탕탕 (江水蕩蕩) 상유 (上有)
류파 (流波)
성인자소 (成人者少)
패인자다 (敗人者多)
아종여행거이후 (我從汝行去已後)
편득중병 (便得重病)
일불위여설오백승재 (日不爲汝設五百僧齋)
영아환가 (令我還家)
라복문모 (羅卜聞母)
발원 (發願)
불과칠일 (不過七日)
사입아비대지옥 (死入阿鼻大地獄)
아양홀연중병 (阿孃忽然重病)
불과칠 (不過七)
서중 (誓重)
수기귀도가중 (遂起歸到家中)
송아양산소 (送阿孃山所)
결초위암 (結草爲庵)
일 (日)
수내신망 (遂乃身亡)
라복 (羅卜)

수모분영　삼년고행　백일제롱담토　가모

守母墳靈　三年苦行　白日提籠擔土　加母

분영　야간전송대승경전　성성부절　감득

墳靈　夜間轉誦大乘經典　聲聲不絕　感得

구색녹자래현　백학정상자오안중출혈　백

九色鹿子來現　白鶴呈祥慈烏眼中出血　百

조함　토래조분영　라복견조함토　심생환

鳥啣土來助墳靈　羅卜見鳥啣土　心生歡

희　면득공장　소성불상　공양삼년　효복

喜　覓得工匠　塑成佛像　供養三年　孝服

장만　즉사분이거

將滿　卽辭墳而去

지기사굴산중　견세존　라복백불언　세존

부모금이망몰　효복장종심원수불출가　유하

공덕　세존환언　선래라복　남염부제중　약

사일남일녀　일노일비　복출가승조팔만사천

부도보탑　현세부모　복락백년칠대선망　당

생정토　하황자발보리지심　즉견아난　체제

17

수발 세존 마정수기 개명대목건련 아유
鬚髮 世尊 摩頂受記 改名大目犍連 我有

십대 제자중 신통최위제일
十代 弟子中 神通最爲第一

목련백불언 세존 보탑조대 공덕여하
目連白佛言 世尊 寶塔造大 功德如何

세존답언 목련 보탑고대 첨첨상접 철지
世尊答言 目連 寶塔高大 簷簷相接 徹至

범천 백년지후 우루불면 당래획죄 출가
梵天 百年之後 雨漏佛面 當來獲罪 出家

공덕 시금강불괴지신
功德 是金剛不壞之身

목련백세존 금욕사세존 입산학도 세존
目連白世尊 今欲辭世尊 入山學道 世尊

답언 목련 여약요수도 불용여처 향아기
答言 目連 汝若要修道 不用餘處 向我耆

사굴 산중수도 목련계세존 산중유하양식
闍窟 山中修道 目連啓世尊 山中有何糧食

감득학도 불언 목련 산중 유유호랑금수
堪得學道 佛言 目連 山中 唯有虎狼禽獸

매도재시 구함향화 자래공양
每到齋時 口嗡香花 自來供養

목련문시어이 척발등공 왕도기사굴산중
目連聞是語已 擲鉢騰空 往到耆闍窟山中

19

지빈발라 암중 좌각압우각 우각압좌각
至賓鉢羅 庵中 左脚壓右脚 右脚壓左脚

이설주상악 관삼십삼천 지화락천궁 유견
以舌柱上齶 觀三十三天 至化樂天宮 唯見

아야 수천복 불견아양
阿爺 受天福 不見阿孃

회래 계세존 아양재생지일 도아일설오
廻來 啓世尊 阿孃在生之日 道我日設五

백승재 사합생화락천궁 천궁불견 금재하
百僧齋 死合生化樂天宮 天宮不見 今在何

처 불어목련 여모 재생지일 불신삼보
處 佛語目連 汝母 在生之日 不信三寶

간탐적악 慳貪積惡 조죄여수미산 造罪如須彌山 사입지옥중 死入地獄中 목련 目連

수문차어 遂聞此語 거신자박 舉身自撲 비제호읍 悲啼號泣 종지이기 從地而起

유제지옥 遊諸地獄 목련차부전행 目連次復前行 견일좌확지옥 見一到確地獄 지 只

견남 見南 염부제중생 閻浮提衆生 재좌확구중 在到確臼中 참신천단 斬身千段

혈육랑자 血肉狼藉 매일지중 每日之中 만사만생 萬死萬生 목련비애 目連悲哀

문옥주 問獄主 차옥중생 此獄衆生 전신작하죄업 前身作何罪業 금수차고 今受此苦

옥주답사 차시남염부제 좌참일체중생 남
獄主答師 此是南閻浮提 到斬一切衆生 男

녀반선 취두공끼 구창감미 금락제자수중
女盤旋 聚頭共喫 口唱甘味 今落弟子手中

지득환희인수 목련차부전행 견일검수지옥 남염부제중
只得歡喜忍受 目連次復前行 見一劍樹地獄 南閻浮提衆

생 재검수두 수반검수 백절영락 각답도
生 在劍樹頭 手攀劍樹 百節零落 脚踏刀

산 천지구해 목련비애 문옥주 차옥중생
山 千肢俱解 目連悲哀 問獄主 此獄衆生

22

전신작하죄업　前身作何罪業　금수차고　今受此苦　옥주답사　獄主答師　차남염　此南閻

부제　浮提　불신인과　不信因果　천요중생남녀반선　串燎衆生男女盤旋　취두공　聚頭共

끽　喫　구창감미　口唱甘美　금락제자수중　今落弟子手中　지득황희인수　只得歡喜忍受

목련차부전행　目連次復前行　견일석개지옥　見一石磕地獄　양괴대석　兩塊大石

개제죄인　磕諸罪人　혈육병산　血肉迸散　목련비애　目連悲哀　문옥주　차　問獄主　此

옥중생　獄衆生　전신작하죄업　前身作何罪業　금수차고　今受此苦　옥주답언　獄主答言

23

차시남염부제중생 다살충의 살해무량 금
此是南閻浮提衆生 多殺蟲蟻 殺害無量

락제자수중 지득환희인수
落弟子手中 只得歡喜忍受

목련차부전행 견일대아귀
目連次復前行 見一隊餓鬼

여수미 인후여침 행보지간 상작오백파거 두여태산 복
如須彌 咽喉如針 行步之間 常作五百破車 頭如太山 腹

지성 목련 부문아귀 여등전신 작하죄업 장
之聲 目連 復問餓鬼 汝等前身 作何罪業 長

귀부답사 아전신 위파망재 불경삼보
鬼復答師 我前身 爲破亡齋 不敬三寶

24

겁불문장수지명(劫不聞漿水之名) 불견음식지미(不見飲食之味) 고획사보(故獲斯報)

목련차부전행(目連次復前行) 견일회하지옥(見一灰河地獄) 일체남염부(一切南閻浮)

제중생(提衆生) 재회하중(在灰河中) 분파병정(奔波迸定) 편신초란(遍身焦爛) 견(見)

동문개(東門開) 주향동문(走向東門) 동문부폐(東門復閉) 견서문개(見西門開) 주(走)

향서문(向西門) 서문부폐(西門復閉) 견남문개(見南門開) 주향남문(走向南門) 남(南)

문부폐(門復閉) 견북문개(見北門開) 주향북문(走向北門) 북문부폐(北門復閉) 여(如)

시파파치주 是波波馳走

갱무휴식 更無休息

목련문옥주 目連問獄主

차옥중 此獄衆

화포계자 火炮鷄子

생 전신작하죄업 生前身作何罪業

옥주답사 獄主答師

차인전신 위 此人前身爲

금락제자수중 今落弟子手中

지득환희인수 只得歡喜忍受

목련차부전행 目連次復前行

견일확탕지옥 見一鑊湯地獄

지견남염부 只見南閻浮

제중생 재확탕중 提眾生 在鑊湯中

파도용비 波濤湧沸

전자죄인 煎煮罪人

목련비애 目連悲哀

문옥주차 問獄主此

옥중생 獄眾生

전신작하죄업 前身作何罪業

금수차고옥 今受此苦獄　주답사 主答師　차인남염 此人南閻　부제중생 浮提衆生

불신삼보 不信三寶　생대부장자가중 生大富長者家中　전자중생 煎煮衆生　금락 今落

제자수중 弟子手中　지득환희인수 只得歡喜忍受

목련차부전행 目連次復前行　견일화분지옥 見一火盆地獄　지견남염부 只見南閻浮

제중생 提衆生　두대화분 頭戴火盆　백절골두 百節骨頭　염염화출 炎炎火出　목 目

련비애 連悲哀　문옥주 問獄主　차옥중생 此獄衆生　전신작하죄업 前身作何罪業

27

옥주답사 차시남염부제중생 요끽중생골

獄主答師 此是南閻浮提衆生 要喫衆生骨

수 금락제자수중 지득환희인수

髓 今落弟子手中 只得歡喜忍受

목련고성 대규아양 양재생지일 도아

目連高聲 大叫阿孃 孃在生之日 道我

일설오백승재 향화음식 비불여법 사합

日設五百僧齋 香花飲食 非不如法 死合

생화락천궁 천궁불견 합재지옥 지옥불

生化樂天宮 天宮不見 合在地獄 地獄不

견

見

옥중 팔만사천우두옥졸 각상위언 전

獄中 八萬四千牛頭獄卒 各相謂言 前

문 유생인성 필시남염부제 송죄인래의

門 有生人聲 必是南閻浮提 送罪人來矣

아장철차 망심삽취장래 목련 정재지옥

我將鐵叉 望心插取將來 目連 正在地獄

문전 돈오좌선 신등삼매 옥주 규환수

門前 頓悟坐禪 身登三昧 獄主 叫喚數

성 목련종선정기 문사시하인 래아지옥

聲 目連從禪定起 問師是何人 來我地獄

문전 목련답언 막진빈도 빈도특래심

門前 目連答言 莫嗔貧道 貧道特來尋

討阿孃　獄主問誰道　阿孃在此　答言釋迦牟

토아양 옥주문수도 아양재차 답언석가모

尼佛　道孃在此　獄主問　釋迦牟尼佛　是

니불 도양재차 옥주문사 석가모니불 시

師何眷屬　目連答言　便是本師和尚　我是弟

사하권속 모련답언 편시본사화상 아시제

子　大目犍連

자 대목건련

獄卒聞是語已　低頭放却鐵叉　頂禮一千餘

옥졸문시어이 저두방각철차 정례일천여

拜　讚言善哉善哉　今日果報　得見釋迦牟尼

배 찬언선재선재 금일과보 득견석가모니

불제자면 문사양하성자 위사왕옥중 검

佛弟子面 問師孃何姓字 爲師往獄中 檢

박심간 옥주입사검박 무명 출래보사

薄尋看 獄主入司檢薄 無名 出來報師

금왕옥중 검박무명 전두 우유대아비

今往獄中 檢薄無名 前頭 又有大阿鼻

지옥

목련차부전행 견일대지옥 장고만장흑

目連次復前行 見一大地獄 墻高萬丈黑

벽만중 철망교가 개복기상 상면우유

壁萬重 鐵網交加 盖覆其上 上面又有

사대동구 구중상토맹염 염염소공 규득천
四大銅狗 口中常吐猛炎 炎炎燒空 叫得千

성 수무인응 회래문옥주 전두유대지옥 규득천성
聲 殊無人應 廻來問獄主 前頭有大地獄 叫得千聲

장고만장 흑벽만중 철망교가 규득천성
墻高萬丈 黑壁萬重 鐵網交加

무인출응 옥주답사 사법역미소요 차문개
無人出應 獄主答師 師法力微少要 此門開

무과문불
無過問佛

목련문시어이 척발등공 왕도불소 요불
目連聞是語已 擲鉢騰空 往到佛所 繞佛

32

삼잡 백불언 세존 목련견대지옥 장고
三匝 白佛言 世尊 目連見大地獄 墻高

만장 흑벽만중 규득천성 무인응의 불
萬丈 黑壁萬重 叫得千聲 無人應矣 佛

어목련 여집아십이환석장 피아가사 장
語目連 汝執我十二鐶錫杖 被我袈裟 掌

아발우 지지옥문 전지석삼성 옥문자개
我鉢盂 至地獄門 前振錫三聲 獄門自開

관쇄자락 옥중일체죄인 문아석장지성
關鏁自落 獄中一切罪人 聞我錫杖之聲

개득편시정식
皆得片時停息

목련피득가사 수지석장 지지옥문전 진

目連披得袈裟 手持錫杖 至地獄門前 振

석삼성 옥문자개 관쇄자락 목련돌입옥중

錫三聲 獄門自開 關鏁自落 目連突入獄中

옥졸추출 사시하인 천개차문 차문장겁불

獄卒推出 師是何人 擅開此門 此門長劫不

개목련문옥주 차문불개 죄인종하이입 옥

開目連問獄主 此門不開 罪人從何而入 獄

주향사도 남염부제 다행불효 다행오역

主向師道 南閻浮提 多行不孝 多行五逆

불신삼보 명종지후 피업풍취지 도현이하

不信三寶 命終之後 皮業風吹之 倒懸而下

불종문래

不從門來

옥주부문 獄主復問 아사운하도차 阿師云何到此 목련답언 目連答言 특래 特來

심토아양 尋討阿孃 옥주문사 獄主問師 수도사양재차 誰道師孃在此 목련답 目連答

언 言 석가모니불 釋迦牟尼佛 도양재차 道孃在此 문사 問師 석가모니 釋迦牟尼

불 佛 시사하권속 是師何眷屬 목련답언 目連答言 편시본사화상 便是本師和尚

옥주문사 獄主問師 양하성자 孃何姓字 위사왕옥중 爲師往獄中 검부심간 檢簿尋看

목련답옥주 왕사성중부상장자처 청제부
目連答獄主 王舍城中傅相長者妻 青提夫

인 성류제사 옥주입옥수환 왕사성중
人 姓劉第四 獄主入獄遂喚 王舍城中

청제부인 성류제사 문전 유출가아 법
青提夫人 姓劉第四 門前 有出家兒 法

명대목건련 시불제자 대불가사의 약시
名大目犍連 是佛弟子 大不可思議 若是

여아 비구득리지옥 옥주우문왕사성중청
汝兒 非久得離地獄 獄主又問王舍城中青

제부인 여하불응 죄인응왈 공옥주이향
提夫人 汝何不應 罪人應曰 恐獄主移向

36

고쳐죄인불감응언　죄인유유　일자신불출
苦處罪人不敢應言　罪人唯有　一子身不出

가불명대목건련
家不名大目犍連

옥주출래보사　유일청제부인　도아불출
獄主出來報師　有一靑提夫人　道兒不出

가　불명대목건련　목련답언　옥주대자대
家　獄不名大目犍連　目連答言　獄主大慈大

비신지도　불식아　부모　재일　소명라복
悲信知道　不識兒　父母　在日　小名羅卜

아양사후　투불출가　득불개명　대목건련
爺孃死後　投佛出家　得佛改名　大目犍連

옥주문사(獄主問師) 금일심득양견(今日尋得孃見) 장하보답제자지은(將何報答弟子之恩)

목련답언(目連答言) 금일득견아양(今日得見阿孃) 청제보살(請諸菩薩) 전대승(轉大乘)

경전(經典) 보답옥주지은(報答獄主之恩) 옥주향죄인언(獄主向罪人言) 오조여(吾助汝)

희(喜) 문전멱자(門前覓者) 정시라복(正是羅卜) 죄인응왈(罪人應曰) 약시라(若羅是)

복(卜) 직시회포촌장지자(即是懷抱寸腸之子)

차시옥주(此時獄主) 장철차삽기(將鐵叉插起) 타정락지(打釘落地) 백모공(百毛孔)

중 진개유혈 경저철가 도일위요 방출여
中 盡皆流血 更著鐵枷 刀釖圍繞 放出與

아상견 문사환식양부 목련답언 불식양전
兒相見 問師還識孃否 日連答言 不識孃前

두편신맹화용용 편시사양 목련지시아양대
頭遍身猛火鎔鎔 便是師孃 目連知是阿孃大

규 아양아양 재생지일 도아일설오 백승
叫 阿孃阿孃 在生之日 道我日設五 百僧

재향화음식 비불여법사합생화락천궁 천궁
齋香花飲食 非不如法死合生化樂天宮 天宮

불견각재지옥 아일일매도재시 유이종감첨
不見却在地獄 兒日日每到齋時 有異種甘甛

선장 래공양아양 아양형용 하득대극열수
先將 來供養阿孃 阿孃形容 何得大極劣瘦

아양환언 아아교자교자 장겁불견교아하
阿孃喚言 我兒嬌子嬌子 長劫不見嬌兒何

득금조 흡재지옥문전 여아상견 양재옥중
得今朝 恰在地獄門前 與兒相見 孃在獄中

수죄신고 기탄철환 갈음동즙 어유미료
受罪辛苦 飢吞鐵丸 渴飲銅汁 語猶未了

옥졸파정 장정정신 전자장두 옥중죄인
獄卒把定 長釘釘身 煎煮腸肚 獄中罪人

각상위언 타가자모 상득상견 아등운하
各相謂言 他家子母 尚得相見 我等云何

무유출기 옥주답사 부득여양 구정설화
無有出期 獄主答師 不得與孃 久停說話

사아양 수죄시지 사약불방아양 아쾌여철
師阿孃 受罪時至 師若不放阿孃 我快鑐鐵

차 망심삽취장거 피옥주구입옥중 환언아
又望心挿取將去 被獄主驅入獄中 喚言我

목련 방각아양 백방작계 구취아
目連放却阿孃 百方作計 救取阿

아 교자교자 고통난인
兒嬌子嬌子 苦痛難忍

양 목련좌각재문한내 우각재문한외 문규
孃 目連左脚在門限內 右脚在門限外 聞叫

41

고통지성 苦痛之聲 장두찬주 將頭鑽柱 혈육낭자 血肉狼藉 고옥주언 告獄主言

욕입옥중 欲入獄中 대양수죄 代孃受罪 옥주답언 獄主答言 사양업력 師孃業力

광대 廣大 사불상간 事不相干 욕요출지옥 欲要出地獄 무과고불 無過告佛

목련문시어이 目連聞是語已 척발등공 擲鉢騰空 왕예불소 往詣佛所 繞

불삼잡 佛三匝 백불언 白佛言 세존양재옥중 世尊孃在獄中 수죄신고 受罪辛苦

여하구득아양 如何救得阿孃 출리지옥 出離地獄

42

세존답언　목련아구여모　목련문언　세존
世尊答言　目連我救汝母　目連問言　世尊

환구득부　세존답언　아약구여모부득　장겁
還救得否　世尊答言　我若救汝母不得　長劫

입지옥중　대여양수죄
入地獄中　代汝孃受罪

이시　세존영제도중비구비구니　우바새우
爾時　世尊領諸徒衆比丘比丘尼　優婆塞優

바이무수　억만　전후위요　산허공신　고칠
婆夷無數　億萬　前後圍繞　散虛空身　高七

다라수　방미간오색호광　조파지옥　철상화
多羅樹　放眉間五色毫光　照破地獄　鐵床化

작연화좌
作蓮華座

검수화위백옥제
劍樹化爲白玉梯

확탕화작부용
鑊湯化作芙蓉

지
池

이시 염라대왕 작여시언 찬왈 선재
爾時 閻羅大王 作如是言 讚曰 善哉

선재 아친득예 배연향 환성불신 유불
善哉 我親得禮 拜燃香 還成不信 有佛

칙우두옥졸 진개방생천
勅牛頭獄卒 盡皆放生天

목련 우문세존일체죄인 진득생천 아
目連 又問世尊一切罪人 濾得生天 阿

양탁생하처　불답목련　여모재생지일　죄근

孃托生何處　佛答目連　汝母在生之日　罪根

심중　업장미진　출대지옥　각입소흑암지옥

深重　業障未盡　出大地獄　却入小黑闇地獄

제보살승　재여잉반　사여일발　왕옥중사모

諸菩薩僧　齋餘剩飯　賜汝一鉢　往獄中飼母

목련접득반　왕옥중　모견반　탐심불개　좌

目連接得飯　往獄中　母見飯　貪心不改　左

수촬반　우수차인　반래입구　의전변성맹화

手撮飯　右手遮人　飯來入口　依前變成猛火

목련문세존　여하득리흑암옥중　세존답언

目連問世尊　如何得離黑闇獄中　世尊答言

45

요양리흑암지옥　청제보살　전대승경전　방

要孃離黑闇地獄　請諸菩薩　轉大乘經典　方

득리　흑암지옥　목련즉의불칙　청제보살

得離　黑闇地獄　目連卽依佛勅　請諸菩薩

전대승경전　양득출흑암지옥　우생아귀중

轉大乘經典　孃得出黑闇地獄　又生餓鬼中

목련부고세존　양출흑암지옥　탁생하도

目連復告世尊　孃出黑闇地獄　托生何道

세존답언　리지옥중　탁생아귀중　목련문세

世尊答言　離地獄中　托生餓鬼中　目連問世

존　양재옥중일구　욕공양왕　항하수변　음

尊　孃在獄中日久　欲共孃往　恒河水邊　飮

수세복 세존답언 제불음수 유여유락
水洗腹 世尊答言 諸佛飮水 猶如乳酪

중승음수 유여감로 십선인음수 능해기
衆僧飮水 猶如甘露 十善人飮水 能解飢

갈 여모음수 변위맹화 유입복중 전자
渴 汝母飮水 變爲猛火 流入腹中 前煮

장두구란 목련계세존 여하득양리아귀 목련즉의불칙
腸肚俱爛 目連啓世尊 如何得孃離餓鬼 目連卽依佛勅

세존답언 청제보살 점사십구등 방제생
世尊答言 請諸菩薩 點四十九燈 放諸生

명 조립신번 득양리아귀
命 造立神幡 得孃離餓鬼

청제보살 방제생명 조립신번 점사십구

請諸菩薩 放諸生命 造立神幡 點四十九

등 득양리아귀신

燈 得孃離餓鬼身

목련백불언 양리아귀 탁생하도 불언

目連白佛言 孃離餓鬼 托生何道 佛言

목련 여모수리아귀 금탁생왕사성중 화

目連 汝母雖離餓鬼 今托生王舍城中 化

위모구 목련문시어이 지발왕왕사성중

爲母狗 目連聞是語已 持鉢往王舍城中

호멱기구 구견목련 주출포요오뇌 아시

呼覓其狗 狗見目連 走出抱腰懊惱 我是

사 모 사시아아 목련문모 모금작구신지고

<small>師母　師是我兒　目連問母　母今作狗身之苦</small>

하여지옥지고 구어목련 아사가장겁작구신

<small>何如地獄之苦　狗語目連　我乍可長劫作狗身</small>

끽인부정아파문지옥지성

<small>喫人不淨我怕聞地獄之聲</small>

목련 우문세존 양작구신신고 여하득양

<small>目連　又問世尊　孃作狗身辛苦　如何得孃</small>

리구신 세존답언 목련 단취칠월반일조

<small>離狗身　世尊答言　目連　但取七月半日造</small>

취우란분재 득양

<small>取盂蘭盆齋　得孃</small>

49

리구신　목련문세존　하고불취십삼십사　요
離狗身　目連問世尊　何故不取十三十四　要

취칠월십오일　세존답언　목련　칠월십오일
取七月十五日　世尊答言　目連　七月十五日

시중승해하지일　환희　구회일처　용발여모
是衆僧解夏之日　歡喜　俱會一處　用拔汝母

당생정토　목련　즉의불칙　시매양엽백지
當生淨土　目連　即依佛勅　市買楊葉栢枝

조득우란분재　득양리구신　대양어불전　수
造得孟蘭盆齋　得孃離狗身　對孃於佛前受

오백계　원양사사심　귀정도　감득천모래
五百戒　願孃捨邪心　歸正道　感得天母來

50

영접 득양생도리천궁 수제쾌락 당양설법
迎接 得孃生忉利天宮 受諸快樂 當揚說法

도탈중생
度脫衆生

약유선남자선녀인 위부모 서사차경 수
若有善男子善女人 爲父母 書寫此經 受

지독송 금득삼세 부모 칠대선망 즉득왕
持讀誦 今得三世 父母 七代先亡 即得往

생정토 구시해탈 의식자연 장명부귀
生淨土 俱時解脫 衣食自然 長命富貴

불설차경시 천룡팔부인비인등 개대환희
佛設此經時 天龍八剖人非人等 皆大歡喜

신수봉행 작례이거　　목련경　종

信受奉行　作禮而去　　目連經　終

한글 목련경[目連經]

무비 스님

옛날 왕사성(王舍城)에 한 장자(長者)가 있었는데 그의 이름이 부상(傅相)이었습니다. 그는 집이 큰 부자여서 낙타와 나귀·코끼리·말 등이 산과 들에 널리었고, 명주와 비단과 진주가 창고에 가득할 뿐만 아니라 여러 곳에 빌려준 돈도 그 수를 알 수 없을 만큼 많았습니다.

부상자는 말할 때는 언제나 웃음을 머금어서 사람의 마음을 거스리지 아니하고 육도(六度) 가운데서 항상 육바라밀을 행하더니 홀연히 병이 들어 드디어 죽었습니다. 장자의 두 내외가 아들 하나를 낳아 길렀는데 그 이름을 나복(羅卜)이라고 했습니다. 그는 아버지가 죽은 후에 산소에 메를 쓰고, 삼년 동안 복을 마치고 나서 어머니께 여쭈었습니다.

"아버님이 계실 때는 돈과 재물이 수없이 많더니 지금은 창고가 비려 합니다. 제가 돈을 가지고 외국으로 나아가 장사를 해볼까 합니다."

이렇게 말하고 종 익리(益利)를 시켜서 창고에 있는 돈을 모두 가져오게 하여 세어 보니 삼천관이었습니다. 이를 세 몫으로 나누어 한 몫은 어머니께 드려서 살림을 하게 하고, 또 한 몫은 역시 어머니께 드려 삼보를 공양하며 아버지를 위해 매일 오백승재(五百僧齋)를 베풀게 하고, 자기도 한 몫을 가지고 금지국(金地國)에 가서 장사를 하였습니다.

어머니는 아들이 떠난 후에 종들을 불러 놓고 이렇게 말하였습니다.

"지금 우리 집에는 돈이 많이 있어 큰 부자다. 만일 삼보스님들이 우리집 문앞에 와서 시주를 청하거든 나를 위하여 몽둥이로 쳐서 목숨이 살아남지 못하도록 하라."

그리고 아들이 오백승재를 하라고 한 돈으로 돼지·양·기위·오리·닭·개를 사들여서 잘 먹여 살찌워 키우면서 양은 기둥에 달아매고 목을 찔러 피를 내어 동이에 받고, 돼지를 묶어놓고 몽둥이로 때리니 슬픈 울음소리가 그치기도 전에 배를 가르고 간을 내어 귀신에게 제사하는 것으로 모든 즐거움을 누리고 있었습니다.

나복은 본전 일천 관을 가지고 외국에 간지 삼년 만에 삼천관 이익을 남겨 가지고 본국으로 돌아오는 길에 집에서 사십여리 떨어진 곳에 이르러 성 서쪽의 버드나무 밑에서 쉬면서 종 익리를 집으로 먼저 보내어 어머니께 말씀드리도록 했습니다.

"만일 착한 인연을 지으셨으면 이 돈을 가지고 집에 가서 어머니께 공양할 것이고, 만일 나쁜 인연을 지었으면 이 돈으로 어머니를 위해 보시하는 데 바치겠나이다."

익리가 집에 돌아와보니 계집종 금지가 멀리서 보고 달려 들어가서 서방님이 돌아오신다고 어머니께 여쭈었습니다.

어머니: "금지야, 네가 어찌 아느냐?"

금지: "문 밖에서 익리가 오는 것을 보고 서방님께서 돌아오시는 것을 알았습니다."

어머니: "금지야, 네가 빨리 나가서 문을 닫아 걸어서 익리가 들어오지 못하게 하라."

고 하면서 바쁘게 후원에 들어가 깃발과 차일 등을 꺼내어 후원에 늘어놓고 재를 드리는 장소를 차리고 오백승재하던 모양을 만들어 놓은 뒤에 문을 열고 익리를 들어오게 하였습니다.

"익리야, 네가 서방님과 함께 떠난 이후로 나는 집에서 매일같이 오백승재를 차리고 삼보에 공양하였다. 네가 만일 믿어지지 않으면 후원 불당 앞에 가서 내가 재 올린 것을 보아라. 수저와 접시들이 그대로 있고 향불

의 연기는 아직 스러지지 아니하였으며, 재
하던 그릇의 설거지도 아직 치우지 못하였
다."

익리는 그것을 보고 급히 달려가 나복에게
그대로 말하였습니다.

"서방님, 마님께서는 보통 어른이 아니십
니다. 댁에 계시면서 매일같이 오백승재를
올렸습니다."

나복: "네가 어찌 아느냐?"

익리: "제가 집에 들어가 보니 수저가 이리
저리 놓여 있고 향을 피운 연기는 자욱하고,
스님들이 방금 떠나가시고 그릇들의 설거지
도 아직 치우지 않은 채로 있었습니다."

나복은 이 말을 듣고 감격한 생각을 내어
멀리 허공을 향해서 어머니께 일천 번 절을
하고 있었습니다.

이때 동리 마을의 이웃 사람들이 나복이 돌
아온다는 말을 듣고 그를 맞이하기 위하여
성 밖까지 모두 나왔다가 나복이 절하는 모

습을 보고 이렇게 물었습니다.

이웃사람: "그대여, 앞에도 부처님이 없고 뒤에도 스님네가 없는데 누구에게 절을 하는 것인가?"

나복: "나는 어머님께 부끄럽습니다. 어머니께서는 집에 계시면서 삼보를 공양하고 날마다 오백승재를 지냈다 합니다."

이웃사람: "그대의 어머니는 그대가 집을 떠난 후, 집에 있으면서 삼보스님들이 찾아오면 몽둥이로 때려 쫓고 오백승재를 올리라는 돈으로는   돼지·염소·거위·오리·닭·개 등을 사들여서 잘 먹여 살찌게 하여 기른 뒤에는 염소를 기둥에 매달아 놓고 목을 찔러 피를 동이에 받고, 돼지를 묶어 몽둥이로 때려 끓는 물로 몸을 튀하면서 그 비명 소리가 끊어지기도 전에 또 배를 갈라 간을 꺼내어 귀신에게 제사를 지내는 등 갖은 잔치를 다 했다네."

나복이 드디어 이 말을 듣고 몸을 들어 땅

에 부딪치니 온몸에서 피가 흐르며 까무라쳐 쓰러진 채 오래도록 깨어나지 못했습니다.

어머니는 아들이 돌아온다는 말을 듣고 성 밖으로 그를 맞으러 나왔다가 아들이 땅에 쓰러져 일어나지 못하는 것을 보고 아들의 손을 잡고 이렇게 말하였습니다.

"너는 나의 맹세하는 말을 들어라. 강물이 저렇게 넓고 커도 그 위에는 출렁이는 파도 가 있듯이, 사람을 도와주는 이는 적고 남을 비방하는 이는 많으니라. 만일 네가 떠난 뒤 에 너를 위하여 오백승재를 차리지 않았다 면, 지금 내가 집에 돌아가는 대로 곧 중병 을 얻어 칠일을 넘기지 못하고 죽어 아비대 지옥에 떨어질 것이다."

나복은 어머니의 맹세하는 말을 듣고 그만 일어나서 집으로 돌아갔습니다. 그러자 곧 어머니는 갑자기 중병이 들어 칠일을 넘기지 못하고 그만 죽어 버렸습니다.

나복은 어머니 산소 옆에 상막(喪幕)을 짓

고 어머니의 무덤을 지키며 삼년 동안 고행을 했습니다.

낮에는 삼태기로 흙을 담아다가 어머니 무덤에 흙을 돋우고, 밤에는 대승경전(大乘經典)을 읽으니 그 소리가 끊이지 않았습니다. 그 효성에 감동되어 아홉 빛깔의 사슴이 무덤 앞에 나타나기도 하고, 흰 학이 나타나 상서로움을 표하기도 했으며, 까마귀는 두 눈에서 피가 흐르고, 온갖 새들은 흙을 물고와서 무덤 만드는 일을 도와주었습니다. 나복은 새들이 흙을 물어오는 것을 보고 기쁜 마음이 생겨 사람을 불러다가 불상을 조성하고 삼년 동안을 공양하다가 복을 마치고는 무덤에 하직하고 물러갔습니다. 나복은 그 길로 기사굴 산중에 가서 부처님을 뵈옵고 이렇게 사뢰었습니다.

"세존이시여, 부모가 이미 다 돌아가시고 삼년상을 마쳤음에 부처님을 따라 출가하려 하온데 어떠한 공덕이 있어야 하겠습니까?"

부처님: "나복아, 잘 왔다. 남섬부주 사람이 아들이나 딸이나 또는 남자종이나 여자종 하나를 부처님을 따라 출가시키면 팔만 사천 개의 부도·보탑(寶塔)을 조성하는 것보다 공덕이 수승하여, 살아 있는 부모는 백년 동안 복락을 누리게 되고 칠대의 선망부모는 극락세계에 태어나거든, 하물며 너는 스스로 보리심을 낸 것이 아니냐?"

세존은 곧 아난을 시켜 나복의 머리와 수염을 깎게 하고 이마를 만져 수기하시며 대목건련이라 이름지어 주시었습니다.

목련: "세존이시여, 보배로 탑을 크게 세운다면 그 공덕이 어떠하옵니까?"

부처님: "목련아, 보탑이 높고 커서 층계마다 처마가 서로 맞닿아서 범천까지 이루더라도 백년 후에는 비가 부처님 얼굴에 새어 나중에 죄를 얻게 되거니와 출가한 공덕은 금강과 같아서 무너지지 않는 몸을 얻느니

라.”

목련: “세존이시여, 지금 세존과 하직하고 산에 들어가서 도를 닦고자 합니다.”

부처님: “목련아, 네가 만일 도를 닦으려거든 다른 곳에 가지 말고 나를 따라 기사굴 산중에 가서 도를 닦아라.”

목련: “세존이시여, 산중에 무슨 양식이 있어서 도를 배운단 말씀입니까?”

부처님: “목련아, 산중에는 호랑이와 이리, 그리고 짐승·새들이 있어서 매일 끼니 때가 되면 향기롭고 아름다운 꽃을 물고와서 스스로 와서 공양해 주느니라.”

목련은 이 말씀을 듣고 나서 발우를 공중으로 던져 허공으로 솟아올라 기사굴산의 빈바라암에 이르러 왼쪽 다리로 오른쪽 넙적다리를 누르고 오른쪽 다리로 왼쪽넙적다리를 누르고 앉아 혀끝으로 입천장을 받치고 삼십삼천을 관찰하다가 화락천궁에 이르니 아버지만이 하늘의 복을 받고 계시고 어머니는 볼 수가 없었습니다. 그래서 목련은 돌아와서 세존께 사뢰었습니다.

"어머니가 살아 계실 때 저에게 말씀하시기를 날마다 오백승재를 올렸다고 하셨습니다. 죽어서는 마땅히 화락천궁에 태어났을 터인데 천궁에서 어머니를 뵐 수가 없으니 지금 어디 계십니까?"

부처님: "목련아, 너의 어머니는 세상에 있을 때 삼보를 믿지 아니하고 인색하고 욕심을 내고 나쁜짓을 많이 했기 때문에 죄를 지은 것이 마치 수미산과 같으므로 죽어서 지옥에 들어갔느니라."

목련은 이 말씀을 듣고 몸을 땅에 던져 몸부림을 치면서 목놓아 울다가 땅에서 일어나 지옥으로 어머니를 찾아갔습니다. 목련이 앞으로 가다가 작두로 썰어 방아찧는 지옥에 이르렀습니다. 거기에는 남섬부주 중생들이 방아틀 속에서 몸을 일천 토막으로 썰매, 혈육이 낭자하여 하루에도 만번씩이나 죽었다

살아나곤 했습니다.

목련이 슬픈 소리로 옥주(獄主)에게 물었습니다.

"이 지옥에 있는 중생들은 전생에 무슨 죄를 지었길래 이러한 고통을 받습니까?"

옥주: "이들은 남섬부주에 있을 때 모든 중생들을 썰어놓고 남녀가 둘러앉아 함께 음식을 먹으면서 그 맛이 좋다고 기뻐하다가 지금 제자의 수중에 떨어져서 할 수없이 고통을 받고 있는 것이지요."

목련이 다시 앞으로 가다가 검수지옥(劍樹地獄)을 보니 남섬부주의 중생들이 검수 끝에 있어 손으로 나뭇가지를 잡으니 손가락이 모두 잘라지고, 발로 칼산을 밟으니 발가락과 발목이 산산이 부서졌습니다. 목련이 슬픈 목소리로 옥주에게 물었습니다.

"이 지옥에 있는 중생들은 전생에 무슨 죄를 지었기에 지금 이러한 고통을 받는 것입니까?"

옥주: "이 사람들은 남섬부주에서 인과(因果)를 믿지 아니하고, 중생들을 꼬챙이에 꿰어 가지고, 불에 구워서, 남녀가 둘러 앉아 머리를 마주대고 함께 먹으면서 맛있다고 즐기다가 지금 제자의 손에 떨어져서 할수없이 고통을 받고 있는 것입니다."

목련이 다시 앞으로 가다가 한 석합지옥(石 嗑地獄)에 당도했습니다. 두 덩어리 큰 돌이 뭇 죄인들을 갈아서 피와 살덩이가 흐트러졌습니다. 목련은 슬픈 목소리로 옥주에게 물었습니다.

"이 지옥의 중생들은 전생에 무슨 죄를 지었길래 지금 이런 고통을 받습니까?"

옥주: "이 사람들은 남섬부주의 중생들인데 벌레와 개미 등을 밟아 죽이고 한량없는 중생들을 살해했으므로 지금 제자의 수중에 떨어져서 할수없이 이렇게 고통을 달게 받고 있는 것입니다."

목련이 다시 앞으로 나가다가 한무리의 아

귀들을 보았는데, 머리는 태산 같고, 배는 수미산 같고, 목구멍은 바늘구멍과 같았습니다. 그들이 걸을 때에는 오백 개의 깨어진 수레바퀴가 부서지는 것처럼 소리를 냈습니다.

목련이 그 아귀들에게 물었다.

"너희들은 전생에 무슨 죄를 지었는가?"

아귀: "우리들은 전생에 죽은 사람을 위해서 재 올리는 것을 방해하고, 삼보를 공경하지 않았기 때문에 오랫 동안 좁쌀미음의 이름도 듣지 못하고, 음식은 맛도 보지 못해서 이런 고통을 받습니다."

목련이 다시 앞으로 나가니 한 회하지옥(灰河地獄)이 보였습니다. 여러 남섬부주 중생들이 양잿물강에서 물결 따라 밀려다니고 있는데, 온몸이 부르트고 타곤 했습니다. 동쪽 문이 열린 것을 보고 동쪽 문으로 달려가면 동쪽 문이 다시 닫히고, 서쪽 문이 열린 것을 보고 서쪽 문으로 달려가면 서쪽 문이 다시 닫혔습니다. 또 남쪽 문이 열린 것을 보고 남쪽 문으로 달려가면 남쪽 문이 다시 닫히고, 북쪽 문이 열린 것을 보고 북쪽 문으로 달려가면 북쪽 문이 다시 닫혔습니다. 이렇게 사방으로 달리느라고 잠시도 쉴새가 없습니다.

목련이 옥주에게 물었습니다.

"이 지옥의 중생들은 무슨 죄를 지었나요?"

옥주: "이 사람들은 전생에 달걀을 삶아먹었기 때문에 지금 제자의 수중에서 이런 업보를 달게 받고 있는 것입니다."

목련이 다시 앞으로 가다가 보니 한 확탕지옥(鑊湯地獄)이 있는데 남섬부주의 중생들이 끓는 가마솥에서 삶기고 있었습니다. 목련은 이것을 보고 슬퍼하며 옥주에게 물었습니다.

"이 지옥에 있는 사람들은 전생에 무슨 죄를 지었기에 지금 이런 고통을 받는 것입니까?"

옥주: "이 사람들은 남섬부주 중생들로서 삼보를 믿지 않고, 큰 부잣집에 태어나서 중생들을 삶아 먹었기 때문에 지금 제자의 수중에 떨어져서 이런 고통을 달게 받고 있는 것입니다."

목련이 다시 앞으로 나가니 화분지옥(火盆地獄)이 보였습니다. 거기에는 남섬부주의 중생들이 머리에 화로를 이고 있어 뼈마디마다 불길이 활활 타고 있었습니다. 목련은 슬피 여겨 옥주에게 물었습니다.

"이 지옥의 중생들은 전생에 무슨 죄를 지었습니까?"

옥주: "이들은 남섬부주의 중생들로서 짐승들의 뼈와 골수를 먹다가 지금 제자의 손에 떨어져 이런 고통을 받고 있는 것입니다."

목련이 큰 소리로 어머님을 불렀습니다.

"어머니! 어머니께서 살아 계실 때에 날더러 말씀하시기를 날마다 오백승재를 올리고 향과 꽃과 음식을 법식대로 하셨다고 하셨으니 돌아가셔서는 마땅히 화락천궁에 태어나셔야 할 것인데 어찌해서 천궁에도 보이지 않고, 지옥에라도 계시면 만나려 했는데 지옥에도 보이지 않습니까?"

옥중에 있는 팔만사천 명의 우두옥졸(牛頭獄卒)들이 가서 서로 보고 말했습니다.

"앞문 밖에 산 사람 소리가 나니 필경 이는 남섬부주에서 죄인들을 보내온 것이다. 내가 쇠창을 가지고 가서 그 가슴을 찔러가지고 잡아 오리라."

목련은 이때 바로 지옥 문 앞에 있었는데 문득 깨달음이 있어 좌선(坐禪)하여 몸이 삼매에 들어가고 있었는데 옥주의 떠드는 말을 듣고 목련은 선정(禪定)으로부터 깨어났습니다.

옥졸: "스님은 누구신데 이 지옥 문전에 와 있는 것입니까?"

목련: "빈도에게 꾸중치 마시오. 빈도는 어머니를 찾으려고 왔습니다."

옥졸: "스님의 어머니가 여기 있다고 누가 말하던가요?"

목련: "석가모니 부처님께서 그렇게 말씀하셨습니다."

옥졸: "그러면 석가모니 부처님은 스님과 무슨 관계가 있습니까?"

목련: "부처님은 빈도의 본사(本師)화상이시고, 나는 그 분의 제자 대목건련(大目犍連)이올시다."

옥졸이 이 말을 듣더니 머리를 숙이고 철창을 놓고 일천여 번이나 절하면서 찬탄을 하였습니다.

옥졸: "참 착한 일입니다. 오늘은 과보로 석가모니 부처님의 제자의 얼굴을 보게 되었습니다. 그런데 스님의 어머니는 뉘시라 하옵니까? 내 스님을 위해서 옥중에 가서 명부를 찾아보겠습니다."

이렇게 말하고 옥주가 들어가 문서를 찾아 보았으나 그런 이름이 없었습니다. 나와서 목련에게 말했습니다.

"이 옥중에는 아니 계시며 이 앞에 큰 아비지옥이 있으니 가 보십시오."

목련이 다시 앞으로 가다가 보니 또 큰 지옥이 있었습니다. 담 높이는 만 길이나 되고 검은 벽이 만 겹이나 되었는데 그 위는 철망으로 얽어서 그 위를 덮었고, 그 위에는 또 네 마리의 큰 동구가 있는데, 입으로 항상 맹렬한 불길을 토하여 허공에서 활활 타고 있었습니다. 밖에 나가서 천 마디나 소리를 질러보아도 아무도 대답이 없습니다.

목련은 다시 돌아와 옥주에게 물었습니다.

"앞에 큰 지옥이 있기는 하나 담의 높이가 만 길이요, 검은 벽이 만 겹으로 철망을 얽어서 그 위를 덮어씌웠습니다. 그리고 천 번이나 소리를 질러도 아무도 대답하는 사람이 없습니다."

옥주: "스님의 법력이 부족한 탓이오. 이 문이 열리게 하려면 부처님께 물어볼 수밖에

다른 도리가 없습니다."

목련이 이 말을 듣고 발우를 던져 하늘로 솟아 부처님이 계신 곳으로 갔습니다. 그는 오른쪽으로 세 바퀴 돌고 부처님께 아뢰었습니다.

목련: "세존이시여, 제가 지옥에 가보았더니 담의 높이가 만 길이나 되고 검은 벽이 만 겹이나 되는데 아무리 여러 번 큰 소리를 질러도 대답하는 사람이 없습니다."

부처님: "목련아, 너는 나의 열두 고리가 달린 석장(錫杖)을 짚고, 내 가사를 입고, 내 발우를 가지고 지옥문 밖에 가서 석장을 세 번 흔들면 옥문이 저절로 열리고, 자물쇠가 저절로 떨어지며, 옥중에 있는 모든 죄인들이 내 석장 소리를 들으면 모두 잠시 동안 고통이 쉬게 될 것이다."

목련이 부처님의 가사를 받아 입고 손에 석장을 짚고, 지옥 문 앞에 이르러 석장을 세 번 흔들었습니다. 그랬더니 옥문이 저절로 열리고 자물쇠도 저절로 떨어졌습니다. 이에 목련은 지옥 속으로 달려 들어갔습니다. 옥졸들이 목련을 밀어내며 말했습니다.

"스님은 누구시기에 맘대로 이 문을 여는 겁니까? 이 문은 생긴 후부터 아직 열어본 적이 없습니다."

목련: "만일 이 문을 열지 않으면 죄인들은 어디로 들어옵니까?"

옥주: "남섬부주 중생들은 불효를 많이 범하고, 오역을 많이 범했으며, 삼보를 믿지 않았기 때문에 명이 다한 뒤에는 업풍(業風)에 불려 와서 거꾸로 매달려 내려오고 문으로 들어오지는 않습니다. 그런데 스님은 어찌하여 여기 오셨습니까?"

목련: "내가 특별히 온 것은 어머니를 찾으러 온 것입니다."

옥주: "누가 스님의 어머니가 여기 계시다고 하셨습니까?"

목련: "석가모니 부처님께서 말씀하셨습니

다."

옥주: "석가모니 부처님과 무슨 관계가 있으십니까?"

목련: "바로 저의 스승이십니다."

옥주: "어머님의 성명이 무엇입니까. 내 스님을 위해서 옥중에 가서 명부를 찾아보겠습니다."

목련: "왕사성 안의 부상장자(傅相長者)의 아내로 이름은 청제부인(青提夫人)이요, 유씨의 넷째 따님입니다."

옥주는 지옥으로 들어가 큰 소리로 불렀습니다.

"왕사성에 살던 청제부인 유씨의 넷째 딸아! 문밖에 출가한 아들이 왔는데 법명이 대목건련이며 이는 부처님 제자로서 불가사의의 신통이 있으니, 만일 이 사람이 참으로 너의 아들이면 머지않아 지옥을 떠날 수가 있을 것이다."

옥주는 또 다시 물었습니다.

"왕사성 안에 살던 청제 부인아! 너는 어찌하여 대답이 없느냐?"

그제서야 죄인이 대답했습니다.

"옥주께서 다시 더 고통받는 곳으로 끌어갈까 두려워서 진작 대답하지 못했습니다. 죄인에게 오직 한 아들이 있는데 출가한 일도 없고, 이름도 대목건련이 아니옵니다."

옥주는 밖으로 나와서 목련에게 말했습니다.

"옥중에 청제부인이 한 사람 있는데 아들은 출가한 일두 없고 이름도 대목건련이아니랍니다."

목련: "옥주는 대자대비로 어머니가 나를 알아보지 못하리라는 것을 일러주소서. 부모가 살아 계실 때의 내 이름은 나복이었고, 부모가 돌아가신 뒤에 부처님께 가서 출가하였으며, 부처님께서 이름을 대목건련이라고 고쳐주셨습니다."

옥주: "스님이 오늘 어머니를 만나보게 해주

면 장차 무엇으로 제자의 은혜를 갚겠습니까?"

목련: "오늘 어머니를 만나뵙게 되면 여러 보살을 청하여 대승경전을 읽어서 옥주의 은혜를 갚겠습니다."

옥주는 다시 지옥으로 들어가 죄인을 향해 이렇게 말했습니다.

"내가 너에게 반가운 소식을 전하리라. 문 앞에 너를 찾아온 스님은 바로 나복이다."

죄인: "만일 나복이라면 바로 이 조그만 뱃속에 품었던 아들입니다."

이때 옥주가 쇠창을 가지고 죄인을 찔러 일으켜서 못을 뽑아 땅에 떨어지니 온몸의 털구멍에서 피가 흘렀습니다. 옥주는 다시 무쇠칼을 씌우고 칼과 창으로 몸을 에워싸서 내보내어 아들을 만나보게 하면서 목련에게 물었습니다.

"스님은 어머니를 알아보겠습니까?"

목련: "어머니가 어디 계신지 알아보지 못

하겠습니다."

옥주: "저 앞 온몸에 불이 활활 타는 것이 바로 스님의 어머니입니다."

목련은 이세야 어머니임을 알아보고 크게 부르짖었습니다.

"어머님! 어머님께서 살아계실 때에 날마다 오백승재를 올려 향화와 음식을 모두 법식대로 했다고 말씀하시더니 돌아가셔서는 의당 화락천궁에 태어났어야 할 것이온데, 천궁에 계시지 않고 도리어 지옥에 계십니까? 소자는 날마다 밥 먹을 때마다 맛있는 음식만 있으면 먼저 가져다가 어머니께 공양을 드렸는데 어머니 얼굴은 어찌하여 외 이렇게 몹시 야위셨습니까?"

어머니: "내 아들아, 내 사랑하는 아들아! 영원히 너를 만나지 못할 줄 알았는데 무슨 인연으로 이 지옥 문 앞에서 만나게 되었단 말이냐. 이 어미는 옥중에서 벌을 받느라고 온갖 고생을 다하였다. 배가 고프면 뜨거운

무쇠 탄재를 먹고, 목마르면 끓는 구리즙을 마시면서 지내왔다."

말을 채 마치기도 전에 옥졸이 오더니 어머니를 붙들고 긴 부젓가락으로 몸을 찌르니 온 창자가 모두 불에 타들어갔습니다. 이때 같은 지옥에 있는 다른 죄인들이 서로 말했습니다.

"남의 집 모자는 서로 만나기도 하는데 우리들은 어찌하여 나갈 기약조차 없는가."

옥주: "스님은, 어머니와 오래 동안 말할 수 없습니다. 어머니의 죄받을 시간이 되었습니다. 스님이 만일 어머니를 놓치 않는다면, 내가 철창으로 가슴을 찔러 데려가겠습니다."

목련이 할수없이 어머니를 놓으니, 어머니는 옥주에게 끌려서 지옥으로 들어가면서 소리쳤습니다.

"내 아들아, 사랑하는 내 아들아! 나는 고통을 참기가 괴로우니 백방으로 주선하여이 어미를 구해 다오.”

이때 목련이 돌아서서 왼발은 지옥 문지방 안에 두고 오른 발은 문지방 밖에 서 있다가 어머니의 고통을 참느라고 부르짖는 소리를 듣고 머리를 기둥에 부딪치니 피와 살이 낭자하였습니다.

목련은 옥주에게 애걸하였습니다.

“내가 옥중에 들어가 어머니를 대신해서 죄를 받고자 합니다.”

옥주: “스님의 어머니는 악업이 너무 커서 스님이 간여할 수가 없으니 어머니가 이 지옥에서 나가게 하려거든 부처님께 여쭙는 수밖에 없습니다.”

목련이 이 말을 듣고 발우를 타고 하늘로 날아서 부처님 계신 곳으로 가서, 오른쪽으로 세 번 돌고 나서 부처님께 여쭈었습니다.

“세존이시여, 저의 어머니가 지금 지옥에서 죄를 받느라고 온갖 고생을 다하고 있습니다. 어찌하면 어머니를 구하여 이 지옥에서 나오게 할 수가 있겠습니까?"

부처님: "목련아! 내가 네 어머니를 구해 주리라."

목련: "세존이시여! 어머니를 구해낼 수 있사옵니까?"

부처님: "내가 만일 네 어머니를 구해 내지 못하면 내가 오랜 세월을 지옥 속에서 네 어머니를 대신하여 죄를 받으리라."

이때 부처님이 비구·비구니와 우바새 우바이 등 무수한 억만 대중에게 호위되어 허공신(虛空身)을 나타내시니 그 높이가 칠다라수이며, 이에 석가모니는 양미간으로 오색의 광명을 내어 지옥을 비추어 깨뜨렸습니다. 철상지옥(鐵床地獄)은 연화좌(蓮華座)로 변하고 검수 지옥(劍樹地獄)은 백옥사다리가 되고, 화탕지옥(鑊湯地獄)은 연못이 되었습니다. 그때 염라대왕이 찬탄했습니다.

"착하고 착하도다. 내가 친히 예배하고 향을 사루었거늘 누가 부처님이 이 세상에 계신 것을 믿지 않겠느냐?"

이렇게 말하면서 우두옥졸(牛頭獄卒)을 시켜서 죄인들을 모두 놓아서 천상에 다시 태어나게 하였습니다.

목련이 또 세존께 물었습니다.

"모든 죄인들이 모두 천상에 태어났사온데 어머니는 어느 곳에 태어났습니까?"

부처님: "목련아, 너의 어머니는 살아 생전의 죄업이 막중하고 무거우며, 업장이 끝나지 못해서 대지옥에서는 나왔으나 다시 흑암지옥으로 들어갔다. 보살들이 재 올리고 남은 밥 한 그릇을 너에게 줄 것이니 가지고 지옥 속에 가서 어머니께 드려라."

목련이 밥을 얻어 가지고 지옥에 이르니 어머니가 밥을 보고 탐심을 버리지 못하고 왼손으로 밥을 움켜쥐고 오른손으로 사람을 막으면서 밥을 가져다가 입속에 넣으니 전과 같이 그 밥이 변하여 맹렬한 불이 되었습니다.

목련이 또 세존에게 물었습니다.

"세존이시여, 어떻게 하면 어머니를 흑암지옥(黑闇地獄)에서 벗어나게 하겠습니까?"

부처님: "너의 어머니를 흑암지옥에서 벗어나게 하려면 여러 보살을 청하여 대승경전을 읽어야만 흑암지옥에서 나오리라."

목련은 바로 부처님의 분부대로 모든 보살들을 청해서 대승경전을 읽었습니다. 그랬더니 어머니가 그 흑암지옥에서 나와서 또 아귀(餓鬼)속에 태어났습니다.

목련: "세존이시여, 어머니가 흑암지옥에서 나와서 어느 곳에 태어났습니까?"

부처님: "지옥에서 나와서 아귀중에 태어났느니라."

목련: "세존이시여, 어머니께서 지옥에 계신지 오래 되었사오니 어머니와 함께 항하수(恒河水)가에 가서 물을 마시고 배를 씻어드릴까 합니다."

부처님: "목련아, 부처들이 물을 마시면 그

것은 마치 좋은 젖과 같고, 스님들이 물을 마시면 마치 단 이슬과 같고, 십선인(十善人)이 물을 마시면 능히 목마름을 면할 것이나, 너의 어머니가 이 물을 마시면 뱃속으로 흘러 들어가서는 맹렬한 불로 변해서 창자를 태워버리고 말 것이다."

목련: "세존이시여, 그러면 어떻게 해야 어머니가 아귀 속에서 벗어날 수 있겠습니까?"

부처님: "보살들을 청하여 사십구등에 불을 켜고, 방생(放生)을 하고, 신번(神幡)을 만들어 세우면 너의 어머니가 이 아귀를 면할 수 있을 것이다."

목련이 즉시 부처님 분부대로 보살을 청하여 사십구등을 켜서, 방생을 하고, 신번을 세우고 어머니가 아귀의 몸을 떠나게 했습니다.

목련: "세존이시여, 어머니께서는 아귀 몸을 떠나 지금 어느 곳에 태어났습니까?"

부처님: "너의 어머니가 비록 아귀 세계를 벗어나긴 했으나 지금은 왕사성에 태어나 암 개가 되었느니라."

목련은 이 말을 듣고 발우를 가지고 왕사성으로 가서 그 개를 찾았습니다. 그 개는 목련을 보자 달려나와 허리를 껴안고 흐느끼면서 말했습니다.

"내가 스님의 어머니이고, 스님은 내 아들이니라."

목련: "어머니께서 지금 개의 몸을 받았는데, 전에 지옥에서 받으시던 고통에 비하면 어떻습니까?"

개: "내가 앞으로 영원히 개의 몸이 되어 사람의 더러운 것을 먹을지언정 나는 지옥 소리만 들어도 온몸이 떨린다."

목련이 또 부처님께 여쭈었습니다.

"어머니가 개몸이 되어 고생하고 있는데 어떻게 하면 개 몸에서 벗어나겠습니까?"

부처님: "목련아! 칠월 보름날에 우란분재

(盂蘭盆齋)를 올리면 너의 어머니가 개의 몸을 면할 수 있을 것이다."

목련: "세존이시여, 무슨 까닭에 십삼일이나 십사일은 택하지 않고 꼭 칠월 보름을 택하십니까?"

부처님: "목련아! 칠월 보름은 대중이 여름 안거(安居)를 해제(解制)하는 날이라 즐겁게 한곳에 모여서 너의 어머니를 천도하여 정토에 나게 할 것이다."

목련은 즉시 부처님의 분부대로 버드나무와 잣나무 가지를 사다가 우란분재를 차려서 어머니를 개의 몸에서 벗어나게 하고, 부처님 앞에 마주 앉아 오백계를 받게 했습니다. 그리고 빌었습니다.

'원컨대 어머니는 삿된 마음을 버리고, 바른 길로 돌아오소서.'

하니 천모(天母)가 감동되어 내려와서 어머니를 영접해서 도리천궁에 태어나게 하여 모든 쾌락을 받았으며, 또 마땅히 법문을 연설

하여 중생들을 제도케 했습니다.

만일 선남자와 선여인이 부모를 위하여 이 경을 쓰거나 받아지니거나 읽고 외우면 삼세 부모의 칠대 선망들이 정토에 태어나서 모두 해탈할 것이며, 의식이 저절로 생기고 장수하고 부귀하리라.

부처님께서 이 경을 말씀하여 마치시니 천룡팔부와 인비인(人非人) 등이 모두 환희하며 믿어 받잡고 받들어 행하며 예배하고 물러갔습니다.

목련경 끝

¤ "무량공덕" 시리즈는 계속 간행됩니다.

☆ 법보시용으로 다량주문시
특별 할인해 드립니다.

☆ 원하시는 불경의 독송본이나
사경본을 주문하시면 정성껏
편집·제작하여 드립니다.

◆무비(如天 無比)스님

·전 조계종 교육원장
·범어사에서 여환스님을 은사로 출가
·해인사 강원 졸업
·해인사, 통도사 등 여러 선원에서 10여년 동안 안거
·통도사, 범어사 강주 역임
·조계종 종립 은해사 승가대학원장 역임
·탄허스님의 법맥을 이은 강백
·화엄경 완역 등 많은 집필과 법회 활동

▶저서와 역서

『금강경 강의』, 『보현행원품 강의』, 『화엄경』, 『예불문과 반야심경』,
『반야심경 사경』 외 다수.

목 련 경

초판 3판 발행일 · 2012년 1월 20일
초판 3판 펴낸날 · 2012년 1월 25일
감　수 · 무비 스님
펴낸이 · 이규인
편　집 · 천종근
펴낸곳 · 도서출판 窓
등록번호 · 제15-454호
등록일자 · 2004년 3월 25일

주소 · 서울특별시 마포구 합정동 388-28번지 합정빌딩3층
전화 · 322-2686, 2687 / 팩시밀리 · 326-3218
e-mail · changbook1@hanmail.net
홈페이지 · (http://www.changbook.co.kr

ISBN 89-7453-116-X 03220

정가 5,000원

*파손된 책은 구입하신 서점이나 《도서출판 窓》에서 바꾸어 드립니다.
☞ 염화실(http://cafe.daum.net/yumhwasil)에서 무비스님의 강의를
　들을 수 있습니다.